AF187347

escuela - ትምህርት ቤት 2
viaje - ጉዞ 5
transporte - መጓጓዣ 8
ciudad - ከተማ 10
paisaje - መልከዓምድር 14
restaurante - ምግብ ቤት 17
supermercado - የሸቀጣ ሸቀጥ መደብር 20
bebida - መጠጦች 22
comida - ምግብ 23
granja - እርሻ 27
casa - ቤት 31
cuarto de estar - ሳሎን 33
cocina - ማድቤት 35
cuarto de baño - መታጠቢያ ቤት 38
cuarto de los niños - የልጅ ክፍል 42
vestimenta - አልባሳት 44
oficina - ቢሮ 49
economía - ኮኖሚ 51
ocupaciones - የስራ ሙያዎች 53
herramientas - መሳሪያዎች 56
instrumentos musicales - የሙዚቃ መሳሪያዎች 57
zoológico - የደር እንስሳት ማቆያ 59
deporte - የስፖርት አይነቶች 62
actividades - እንቅስቃሴዎች 63
familia - ቤተሰብ 67
cuerpo - አካል 68
hospital - ሆስፒታል 72
emergencia - ድንገተኛ 76
Tierra - ምድር 77
reloj - ሰዓት 79
semana - ሳምንት 80
año - ዓመት 81
formas - ቅርፆች 83
colores - ቀለማት 84
opuestos - ተቃራኒዎች 85
números - ቁጥሮች 88
idiomas - ቋንቋዎች 90
quién / qué / cómo - ማን/ ምን/ እንዴት 91
donde - የት 92

Impressum
Verlag: BABADADA GmbH, Nedderfeld 112 , 22529 Hamburg
Geschäftsführer / Verlagsleitung: Harald Hof
Druck: Books on Demand GmbH, In de Tarpen 42, 22848 Norderstedt

Imprint
Publisher: BABADADA GmbH, Nedderfeld 112 , 22529 Hamburg, Germany
Managing Director / Publishing direction: Harald Hof
Print: Books on Demand GmbH, In de Tarpen 42, 22848 Norderstedt, Germany

escuela

ትምህርት ቤት

dividir
ማካፈል

186/2

mesa
ስሌዳ

aula
መማሪያ ክፍል

patio de escuela
የትምህርት ቤት ቅጥር ግቢ

docente
መምህር

papel
ወረቀት

escribir
መፃፍ

bolígrafo
ስክሪብቶ

escritorio
መፃፊያ ጠረጴዛ

regla
ማስመሪያ

libro
መጽሐፍ

alumno
ተማሪ

mochila escolar

የጀርባ ቦርሳ

caja de lápices

የ ርሳስ መያዣ

lápiz

ርሳስ

sacapuntas

የ ርሳስ መቅረጫ

goma de borrar

ላጲስ

bloc de dibujo

የስዕል ደብተር

dibujo

ስዕል

pincel

የቀለም ብሩሽ

caja de pinturas

የቀለም ሳጥን

tijera

መቀስ

pegamento

ማጣበቂያ

libro de ejercicios

መልመጃ ደብተር

tarea

የቤት ስራ

12

número

ቁጥር

2+2

sumar

መደመር

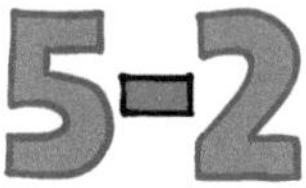

5-2

restar

መቀነስ

2×2

multiplicar

ማባዛት

calcular

ቁጥሮችን ማስላት

A

letra

ደብዳቤ

ABCDEFG
HIJKLMN
OPQRSTU
VWXYZ

alfabeto

ፊደላት

palabra

ቃል

texto

ፅሑፍ

leer

ማንበብ

tiza

ጠመኔ

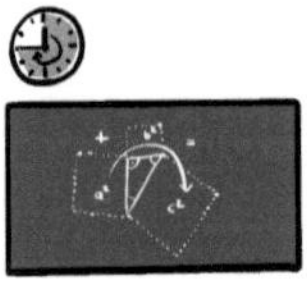

lección

ትምህርት

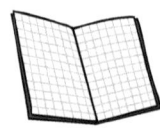

libro de clase

ምዝገባ

examen

ፈተና

certificado

ሰርተፊኬት

uniforme escolar

የትምህርት ቤት የደንብ ልብስ

educación

ትምህርት

enciclopedia

አዉደ ጥበብ

universidad

ዩኒቨርስቲ

microscopio

የምርምር አጉሊ መሳርያ

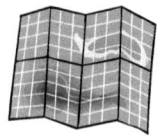

mapa

ካርታ

cesto de papeles

የቆሻሻ ወረቀት መጣያ ቅርጫት

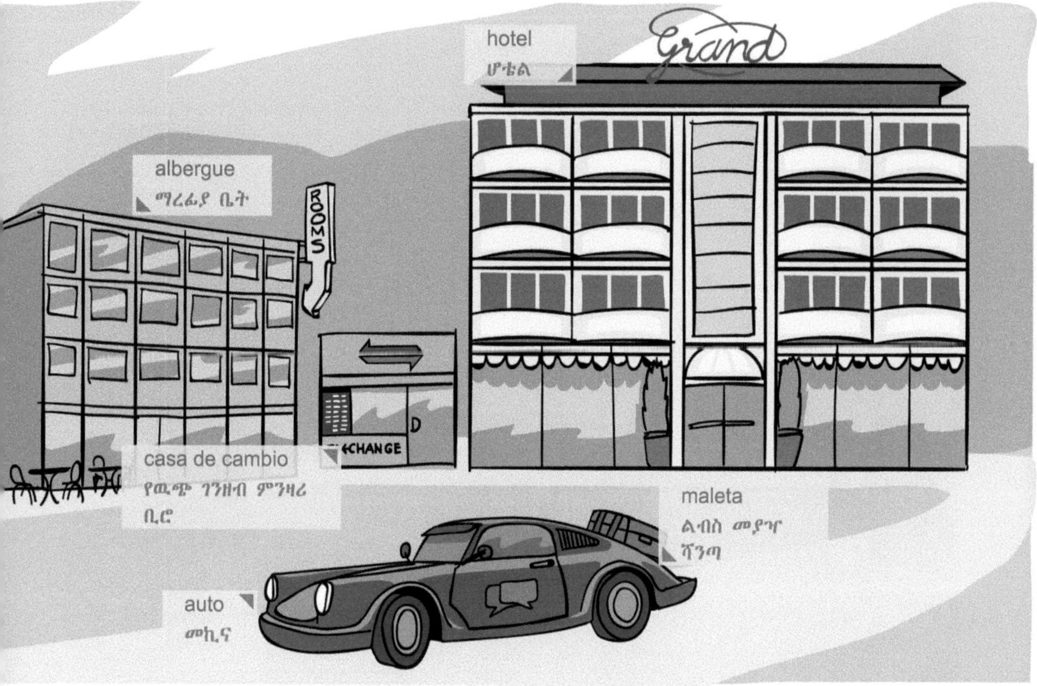

hotel
ሆቴል
Grand
albergue
ማረፊያ ቤት
ROOMS
casa de cambio
የዉጭ ገንዘብ ምንዛሪ ቢሮ
maleta
ልብስ መያዣ ሻንጣ
auto
መኪና

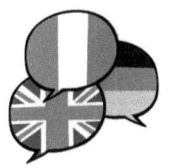

idioma

ቋንቋ

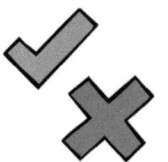

sí / no

አዎ/ አይደለም

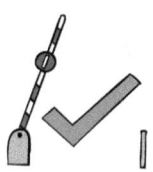

ok

እሺ

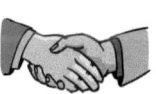

hola

ሰላም

intérprete

አስተርጓሚ

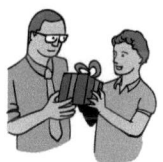

gracias

አመሰግናለሁ

¿Cuánto cuesta...?

ስንት ነዉ.......?

No entiendo

አልገባኝም

problema

እክል

¡Buenas tardes!

እንደምን አመሹ!

¡Buenos días!

እንደምን አደሩ!

¡Buenas noches!

መልካም ምሽት!

adiós

ደህና ይሰንብቱ

dirección

አቅጣጫ

equipaje

ሻንጣ

bolso

ቦርሳ

mochila

የጀርባ ቦርሳ

invitado

እንግዳ

cuarto

ክፍል

saco de dormir

የመተኛ ቦርሳ

tienda de campaña

ድንኳን

información al turista

የጎብኚዎች መረጃ

playa

የባህር ዳርቻ

tarjeta de crédito

ክሬዲት ካርድ

desayuno

ቁርስ

almuerzo

ምሳ

cena

እራት

pasaje

ቲኬት

ascensor

አሳንሰር

sello

ማህተም

límite

ድንበር

aduana

ባህሎች

embajada

ኤምባሲ

visa

ቪዛ/የይለፍ ወረቀት

pasaporte

ፓስፖርት

transporte

መጓጓዣ

avión
አዉሮፕላን
barco
መርከብ
coche de bomberos
የእሳት አደጋ መኪና
bus
አዉቶብስ
camión
የጭነት መኪና
lancha a motor
የሞተር ጀልባ
bicicleta
ብስክሌት
auto
መኪና

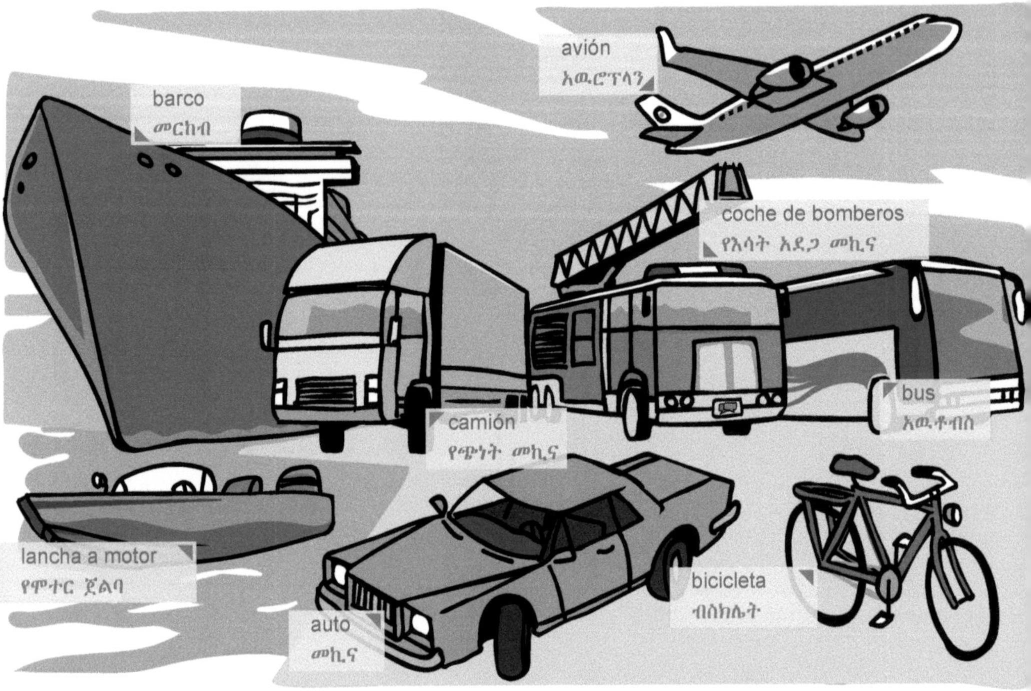

balsa

....

የማመላለሻ ጀልባ

lancha

....

ጀልባ

motocicleta

....

የሞተር ብስክሌት

auto de policía

....

የፖሊስ መኪና

auto de carreras

....

የዉድድር መኪና

auto de alquiler

....

የኪራይ መኪና

alquiler de autos

የመኪና መጋራት

grúa

ጎታች መኪና

vehículo recolector de basura

የቆሻሻ ጭነት መኪና

motor

ሞተር

gasolina

ነዳጅ

gasolinera

የቤንዚን ማደያ

señal de tráfico

የመንገድ ምልክት

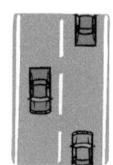

tránsito

የመኪኖች እንቅስቃሴ

atasco

የመኪና መጨናነቅ

estacionamiento

የመኪና ማቆሚያ

estación de tren

የባቡር ጣቢያ

carril

የባቡር ሀዲዶች

tren

ባቡር

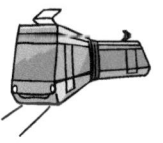

tranvía

የኤሌክትሪክ ባቡር

vagón

ሰረገላ

helicóptero

ሄሊኮፕተር

aeropuerto

አየር ማረፊያ

torre

ማማ

pasajero

መንገደኛ

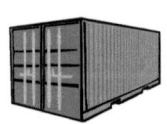

contenedor

ማስቀመጫ፤ ማጠራቀሚያ

caja de cartón

ካርቶን እቃ ማሸጊያ

carro

ጋሪ፤ ተሳቢ

cesta

ቅርጫት

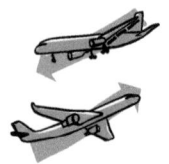

despegar / aterrizar

መነሳት/ ማረፍ

ciudad

ከተማ

aldea

መንደር

centro de la ciudad

የከተማ ማዕከል

casa

ቤት

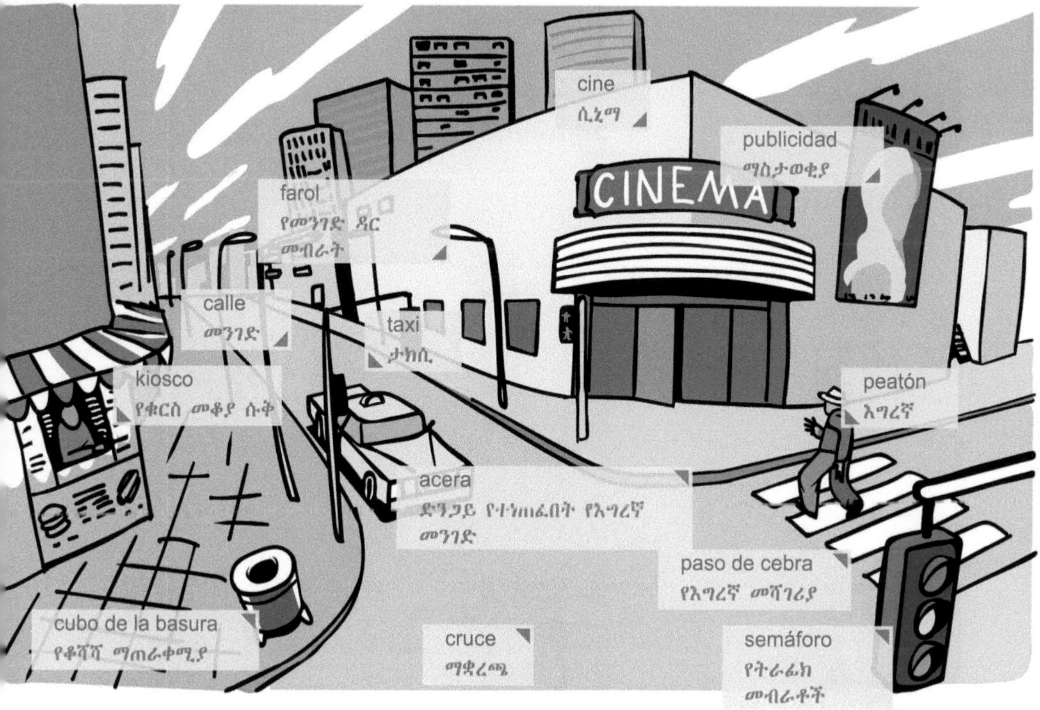

CINEMA
cine
ሲኒማ
publicidad
ማስታወቂያ
farol
የመንገድ ዳር መብራት
calle
መንገድ
taxi
ታክሲ
kiosco
የቁርስ መቆያ ሱቅ
peatón
እግረኛ
acera
ድንጋይ የተነጠፈበት የእግረኛ መንገድ
paso de cebra
የእግረኛ መሻገሪያ
cubo de la basura
የቆሻሻ ማጠራቀሚያ
cruce
ማቋረጫ
semáforo
የትራፊክ መብራቶች

cabaña

ጎጆ

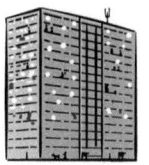

apartamento

አፓርታማ

estación de tren

የባቡር ጣቢያ

ayuntamiento

የከተማ አዳራሽ

museo

ቤተ መዘክር

escuela

ትምህርት ቤት

universidad

ዩኒቨርስቲ

banco

ባንክ

hospital

ሆስፒታል

hotel

ሆቴል

farmacia

መድሐኒት ቤት

oficina

ቢሮ

librería

መፅሐፍ መሸጫ

negocio

ሱቅ

florería

የአበባ መሸጫ

supermercado

የሸቀጣ ሸቀጥ መደብር

mercado

ገበያ ስፍራ

grandes almacenes

መደብር

pescadería

የዓሳ ነጋዴ

centro comercial

የገበያ ማዕከል

puerto

ወደብ

parque

መናፈሻ ቦታ

banco

አግዳሚ ወንበር

puente

ድልድይ

escalera

ደረጃዎች

metro

ዉስጥ ለዉስጥ

túnel

ዋሻ

parada de autobuses

የአዉቶቡስ ፌርማታ

bar

ባር

restaurante

ምግብ ቤት

buzón de correo

የፖስታ ሳጥን

letrero

የመንገድ ምልክት

parquímetro

የመኪና ማቆሚያ ሒሳብ የሚያሰላ ማሽን

zoológico

የደር እንስሳት ማቆያ

piscina

የመዋኛ ገንዳ

mezquita

መስጊድ

granja

እርሻ

polución

የሚበከል ነገር

cementerio

መቃብር ስፍራ

iglesia

ቤተ ክርስቲያን

parque infantil

መጫወቻ ሜዳ

templo

ቤተ መቅደስ

paisaje

መልከዓምድር

hoja
ቅጠል
indicador de camino
የመንገድ ላይ ምልክት
sendero
መንገድ
pradera
አረንጓዴ መስክ
piedra
ድንጋይ
árbol
ዛፍ
caminante
በእግሩ የሚጓዝ
río
ወንዝ
pasto
ሳር
flor
አበባ

valle

ሸለቆ

montaña

ኮረብታ

lago

ሀይቅ

bosque

ጫካ

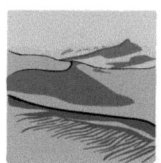

desierto

በረሃ

volcán

እሳተ ገሞራ

castillo

ግምብ

arco iris

ቀስተ ዳመና

seta

እንጉዳይ

palmera

የቴምብር ዛፍ/ ዘንባባ

mosquito

ቢንቢ/ የወባ ትንኝ

mosca

በራሪ

hormiga

ጉንዳን

abeja

ንብ

araña

ሸረሪት

escarabajo

ጢንዚዛ

rana

እንቁራሪት

ardilla

ሽኮኮ

erizo

ጃርት

liebre

ጥንቸል

lechuza

ጉጉት ወፍ

pájaro

ወፍ

cisne

የዉሃ ዳክዬ

jabalí

ከርከሮ

ciervo

አጋዘን

alce

አጋዘን

embalse

ግድብ

aerogenerador

በነፋስ የሚሽከረከር

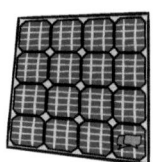

módulo solar

የፀሀይ ፓኔሎ

clima

አየር ንብረት

restaurante

ምግብ ቤት

camarero
አስተናጋጅ
carta del menú
ማዉጫ
silla
ወንበር
sopa
ሾርባ
pizza
ፒዛ
cubiertos
መክተፊያ
mantel
የጠረጴዛ ጨርቅ

entrada

....

የምግብ ፍላጎትን የሚከፍት ምግብ

plato principal

....

ዋና ምግብ

postre

....

ማጣጣሚያ ተከታይ ምግብ

bebida

....

መጠጦች

comida

....

ምግብ

botella

....

ጠርሙስ

comida rápida

ፈጣን ምግብ

comida callejera

የመንገድ ምግብ

tetera

የሻይ ማንቆርቆሪያ

azucarera

የስኳር እቃ

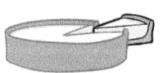

porción

ድርሻ

máquina de espresso

የቡና ማፊያ ማሽን

silla alta

ባለጌ ወንበር

factura

የክፍያ ደረሰኝ

bandeja

ትሪ

cuchillo

ቢላዋ

tenedor

ሹካ

cuchara

ማንኪያ

cuchara de té

የሻይ ማንኪያ

servilleta

ልብስ ምግብ እንዳይነካ የሚረዳ ጨርቅ

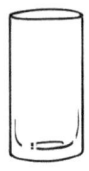

vaso

ብርጭቆ

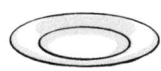

plato

ዝርግ ሰሀን

plato de sopa

የሾርባ ጎድጓዳ ሰሀን

platillo

የስኒ ማስቀመጫ

salsa

ማጣፈጫ ስጎ

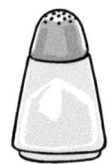

salero

የጨዉ እቃ

molinillo para pimienta

የተፈጨ ቃሪያ

vinagre

ኮምጣጤ

aceite

የምግብ ዘይት

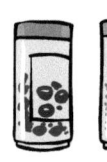

especias

ቀመማ ቅመሞች

ketchup

የቲማቲም ድልህ

mostaza

ሰናፍጭ

mayonesa

ማዮኒዝ

supermercado

የሸቀጣ ሸቀጥ መደብር

oferta
ልዩ አቅራቦት
FOR
cliente
ደምበኛ
productos lácteos
የወተት ተዋፅዖ
fruta
ፍራፍሬ
carrito de compras
ባለ ጎማ የእጅ ጋሪ

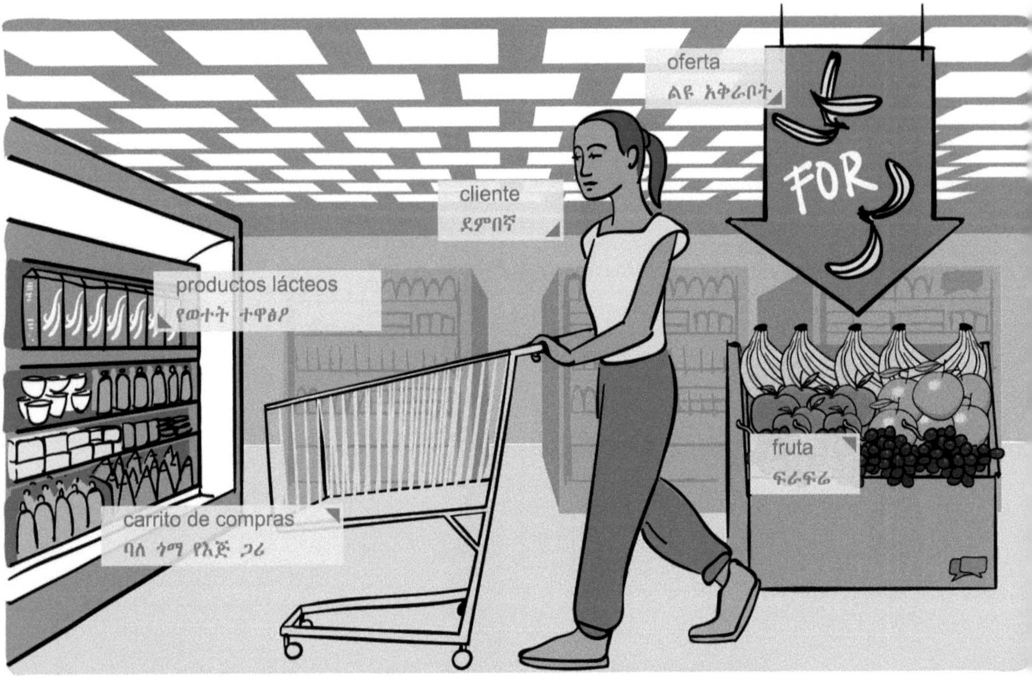

carnicería

ሉካንዳ ነጋዴ

panadería

መጋገርያ

pesar

ክብደት መመዘን

verdura

ቅጠላ ቅጠል አትክልት

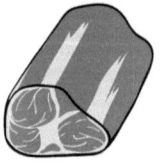

carne

ስጋ

alimentos congelados

የቀዘቀዘ/የረጋ ምግብ

fiambre

ቀዝቃዛ ቁሬጭ

conservas

የታሸገ ምግብ

detergente en polvo

የማጠቢያ ዱቄት

dulces

ጣፋጮች

artículos domésticos

የቤት ዉስጥ ዉጤቶች

productos de limpieza

የፅዳት ምርቶች

vendedora

የሽያጭ ባለሙያ

caja

የገንዘብ መመዝቢያ ማሽን

cajero

የሒሳብ ሰራተኛ

lista de compras

የግዢ ዝርዝር

horario de atención

ክፍት ሰዓታት

cartera

የኪስ ቦርሳ

tarjeta de crédito

ክሬዲት ካርድ

maleta

ቦርሳ

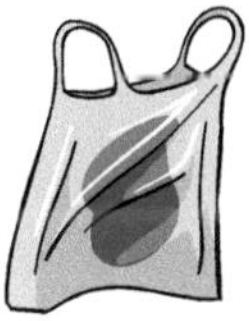

bolsa plástica

የፕላስቲክ ቦርሳ

bebida

መጠጦች

agua

ውሃ

jugo

ጭማቂ

leche

ወተት

refresco de cola

ኮካ-ኮላ

vino

ወይን

cerveza

ቢራ

alcohol

አልኮል

cacao

ኮካ

té

ሻይ

café

ቡና

espresso

የተፈላ ቡና

cappuccino

ካፑቺኖ

banana

ሙዝ

manzana

ፖም

naranja

ብርቱካን

sandía

ሀብሀብ

limón

ሎሚ

zanahoria

ካሮት

ajo

ነጭ ሽንኩርት

bambú

ሸምበቆ

cebolla

ቀይ ሽንኩርት

seta

እንጉዳይ

nueces

ለዉዝ

fideos

የህፃናት ምግብ

espagueti

ፓስታ

arroz

ሩዝ

ensalada

ሰላጣ

patatas fritas

የድንች ጥብስ

patatas salteadas

ድንች ጥብስ

pizza

ፒዛ

hamburguesa

ዳቦ ዉስጥ በስሱ ተጠብሶ የገባ ስጋ

sándwich

ሳንድዊች

escalope

ጥሬ ስጋ

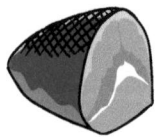

jamón

የአሳማ ስጋ

salame

በቅመምና በጨዉ የታሸ ምግብ ቀዝቅዞ የሚበላ ሾርባ ምግብ

embutido

ቋሊማ

pollo

ዶሮ

asado

ጥብስ

pescado

አሳ

copos de avena

የአጃ ገንፎ

musli

ከወተት ጋር ተደባልቀዉ የሚበሉ ምግቦች

copos de maíz tostado

የበቆሎ ቅርፊት

harina

ዱቄት

croissant

ኩራሳ

panecillo

ድብልብል ዳቦ

pan

ዳቦ

tostada

መጥበስ

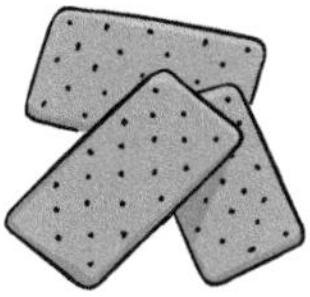

galletas

ብስኩት

mantequilla

ቅቤ

cuajada

እርጎ

pastel

ኬክ

huevo

እንቁላል

huevo frito

እንቁላል ጥብስ

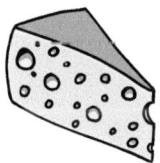

queso

አይብ

helado

የበረዶ ክሬም

azúcar

ስኳር

miel

ማር

mermelada

ማርማላት

praliné

የተናጠ የወተት ክሬም

curry

ማጣፈጫ

granja
እርሻ

casa de labranza
የገበሬ ቤት
pajar
የእህልና የከብት ማቀመጫ ቤት
paca de paja
የጭድ ክምር
campo
ሜዳ
caballo
ፈረስ
remolque
ተሳቢ መኪና
tractor
የእርሻ መኪና
potro
የፈረስ ዉርንጭላ
asno
አህያ
oveja
በግ
cordero
የበግ ጠቦት

cabra
ፍየል

vaca
ላም

ternero
ጥጃ

cerdo
አሳማ

lechón
ግልገል አሳማ

toro
ርማ

ganso
ዝይ

pato
ዳክዬ

polluelo
የዶሮ ጫጩት

pollo
ዶር

gallo
አዉራ ዶሮ

rata
አይጥ

gato
ደድመት

ratón
አይጥ

buey
በሬ

perro
ዉሻ

caseta del perro
የዉሻ ቤት

manguera de riego
የአትክልት ቦታ

regadera
ዉሃ ማጠጫ ባልዲ

guadaña
ረጅም ማጭድ

arado
ማረሻ

hoz

ማጭድ

azada

መኮትኮቻ

bieldo

የእህል መንሽ

hacha

መጥረቢያ

carretilla

ኩርኩር/ የእጅ ጋሪ

abrevadero

ገንዳ

lechera

የወተት ዕቃ

saco

ጆንያ ከረጢት

cerca

አጥር

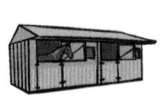

establo

የፈረስ ጋጣ

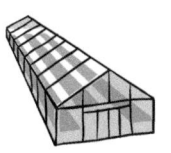

invernadero

ዕፅዋት ማሳደጊያ የመስታዉት ቤት

suelo

አፈር

semilla

ዘር

fertilizante

የመሬት ማዳበሪያ

cosechadora

ጥምር ማረሻ

cosechar

አዝመራ መሰብሰብ

cosecha

አዝመራ

raíz de ñame

ድንች

trigo

ስንዴ

soja

ሶያ

patata

ድንች

maíz

በቆሎ

colza

የከብት መኖ

Árbol frutal

የፍሬ ዛፍ

mandioca

የካሳቫ ዛፍ

cereales

እህል

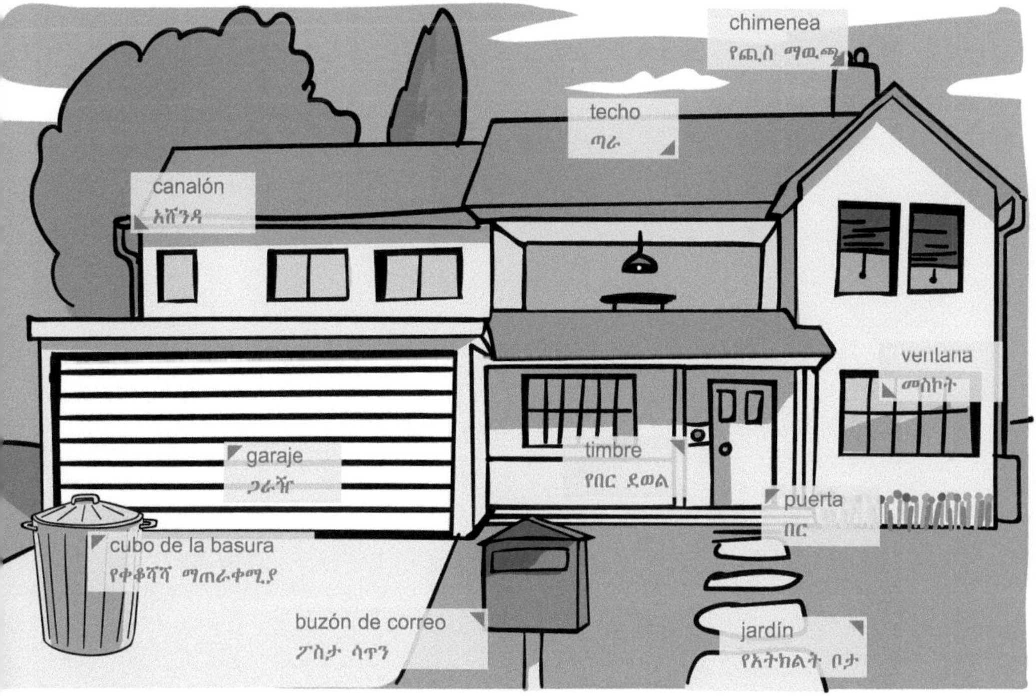

chimenea
የጭስ ማዉጫ

techo
ጣራ

canalón
አሽንዳ

ventana
መስኮት

garaje
ጋራዥ

timbre
የበር ደወል

puerta
በር

cubo de la basura
የቀቆሻሻ ማጠራቀሚያ

buzón de correo
ፖስታ ሳጥን

jardín
የአትክልት ቦታ

cuarto de estar

ሳሎን

cuarto de baño

መታጠቢያ ቤት

cocina

ማድቤት

dormitorio

መኝታ ቤት

cuarto de los niños

የልጅ ክፍል

comedor

መመገቢያ ክፍል

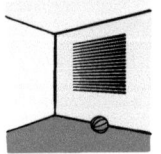

piso

ወለል

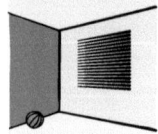

pared

ግድግዳ

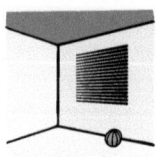

cielorraso

ጣሪያ

sótano

ምድር ቤት

sauna

በእንፋሎት ሙቀት መታጠቢያ ቤት

balcón

ሰገነት

terraza

ከፍ ያለ መደብ

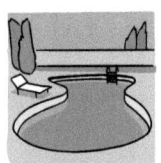

piscina

የመዋኛ ገንዳ

cortacésped

የማጨጃ መኪና

funda nórdica

አንሶላ

edredón

የአልጋ ልብስ

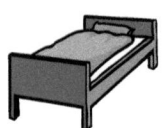

cama

አልጋ

escoba

መጥረጊያ

cubo

ባልዲ

interruptor

ማብሪያና ማጥፊያ

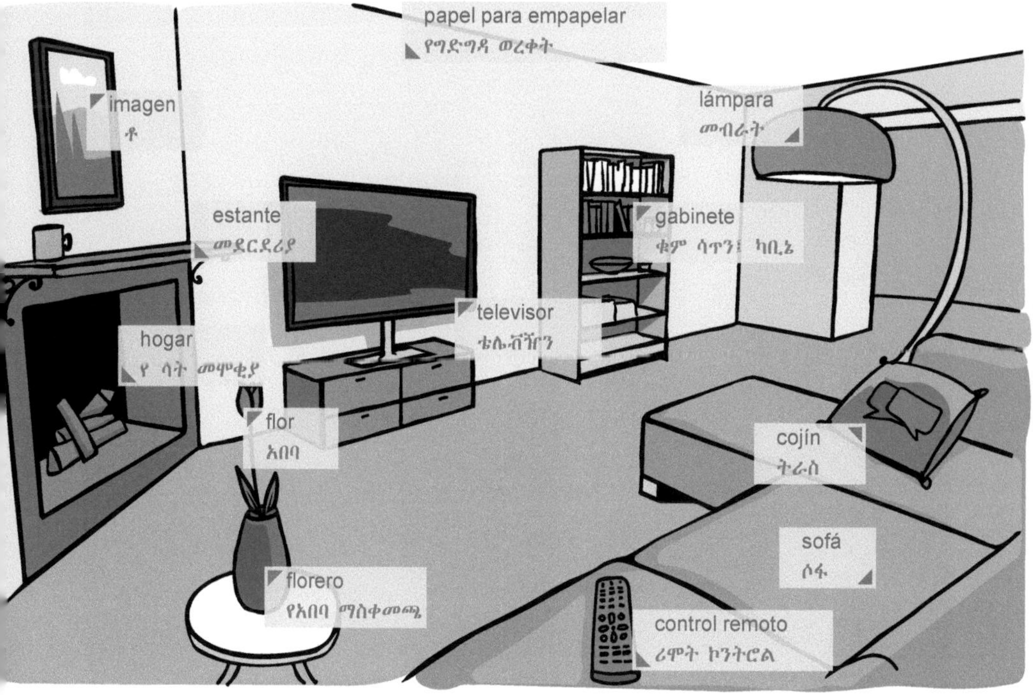

papel para empapelar
የግድግዳ ወረቀት
imagen
ቶ
lámpara
መብራት
estante
መደርደሪያ
gabinete
ቁም ሳጥን፣ ካቢኔ
televisor
hogar
የ ሳት መሞቂያ
flor
አበባ
cojín
ትራስ
sofá
ሶፋ
florero
የአበባ ማስቀመጫ
control remoto
ሪሞት ኮንትሮል

alfombra

ን ፍ

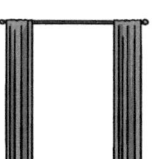

cortina

መጋረጃ

mesa

ጠረጴዛ

silla

ወንበር

mecedora

ተወዛዋዥ ወንበር

sillón

ባለመደገፊያ ወንበር

libro

መጽሐፍ

frazada

ብርድ ልብስ

decoración

ጌጥ

leña

ማገዶ

film

ፊልም

equipo estereofónico

የሙዚቃ መማጫወቻ

llave

ቁልፍ

periódico

ጋዜጣ

cuadro

ስዕል

póster

የተለጠፈ ማስታወቂያ እንደ ስዕል

radio

ራዲዮ

bloc de notas

ማስታወሻ ደብተር

aspiradora

የአየር ማፅጃ ለምንጣፍ

cactus

ቁልቋል

vela

ሻማ

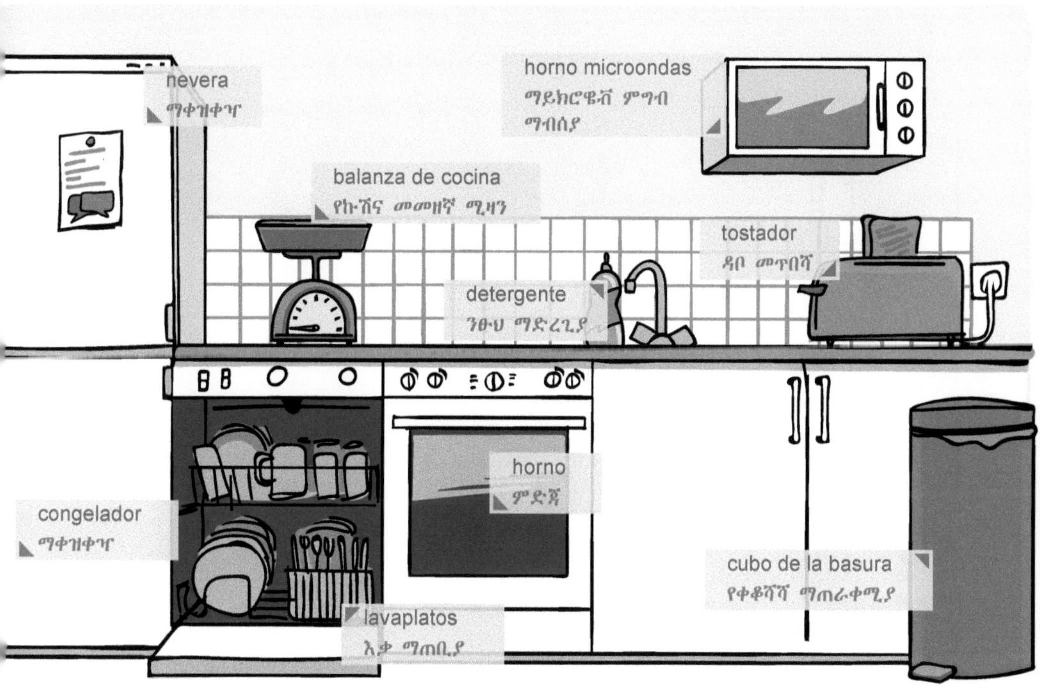

nevera
ማቀዝቀዣ

horno microondas
ማይክሮዌቭ ምግብ
ማብሰያ

balanza de cocina
የኩሽና መመዘኛ ሚዛን

tostador
ዳቦ መጥበሻ

detergente
ንፁህ ማድረጊያ

congelador
ማቀዝቀዣ

horno
ምድጃ

cubo de la basura
የቀቆሻሻ ማጠራቀሚያ

lavaplatos
እቃ ማጠቢያ

cocina

ምግብ አብሳይ

olla

ማሰሮ

olla de fundición de hierro

የብረት ማሰሮ

wok / kadai

ምግብ ማብሰያ ዝርግ ድስት

sartén

የምግብ መጥበሻ

hervidor de agua

ማንቆርቆሪያ

olla de vapor

የእንፋሎት ማብሰያ

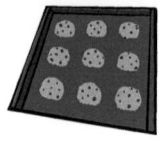

bandeja de horno

የመጋገሪያ ትሪ

vajilla

ሰብስቦች

vaso

ትልቅ ኩባያ

bol

ጎድጓዳ ሳህን

palillos para comer

ቾፕስቲክስ

cucharón de sopa

ጭልፋ

espátula

መሰቅሰቂያ ዝርግ ማንኪያ

batidor

ማደባለቂያ

colador

መወጠሪያ

cedazo

ወንፊት

rallador

መፈርፈሪያ መሳሪያ

mortero

ሲሚንቶ

parrillada

የፍም ጥብስ

fogata

የተለቀቀ እሳት

tabla de picar

መክተፊያ

rodillo

ተንሸራታች መርፌ

sacacorchos

የጠርሙስ መክፈቻ

lata

ጣሳ

abrelatas

የጣሳ መክፈቻ

agarrador

የማሰሮ መሸፈኛ

fregadero

ሳህን ማጠቢያ

cepillo

ብሩሽ

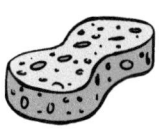

esponja

ስፖንጅ

batidora

መደባለቂያ መሳሪያ

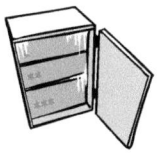

arcón congelador

በጣም ማቀዝቀዣ

biberón

ጡጦ

grifo

ቧንቧ

cuarto de baño

መታጠቢያ ቤት

ducha
መታጠቢያ
toalla
ፎጣ
cortina para ducha
የመታጠቢያ ቤት መጋረጃ
baño de espuma
የአረፋ መታጠቢያ
bañera
የመታጠቢያ ገንዳ
vaso
ብርጭቆ
lavadora
የልብስ ማጠቢያ
grifo
ቧንቧ
baldosa
ማዕዘን ወለል
orinal
fregadero
ሳህን ማጠቢያ

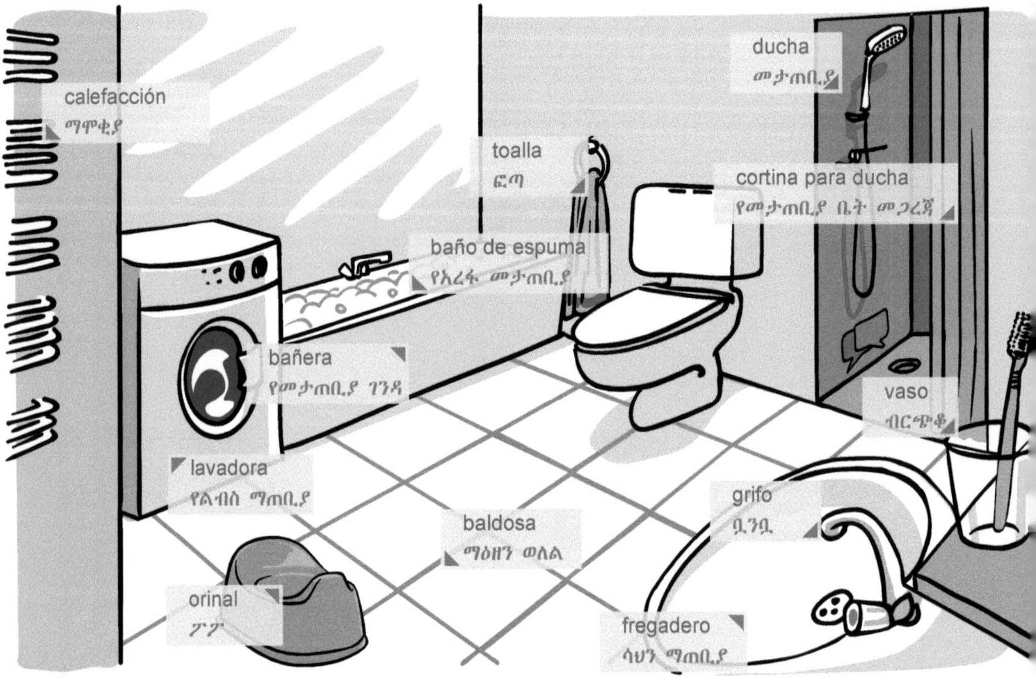

cuarto de baño

ሽንት ቤት

placa turca

የሽንት ቤት መቀመጫ

bidé

ሳፋ

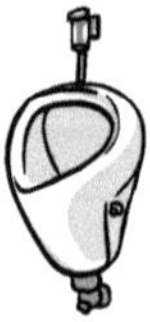

urinario

የመንገድ ዳር መሽኛ

papel higiénico

የሽንት ቤት ወረቀት

escobilla para el cuarto de baño

የሽንት ቤት ማፅጃ ብሩሽ

cepillo de dientes

የጥርስ ብሩሽ

pasta dentífrica

የጥርስ ሳሙና

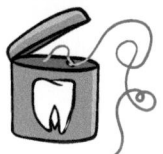

seda dental

የጥርስ ማፅጃ ክር

lavar

መታጠብ

ducha teléfono

የእጅ መታጠቢያ

ducha higiénica

መታጠቢያ

cuenco

ጎድጓዳ ሳህን

cepillo para la espalda

የጀርባ ብሩሽ

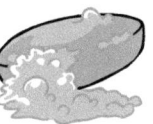

jabón

ሳሙና

gel de ducha

የመታጠቢያ የሚዝለገለግ ሳሙና

champú

የፀጉር መታጠቢያ ሳሙና

manopla para baño

ለስላሳ ጨርቅ

desagüe

ፍሳሽ

crema

ክሬም

desodorante

ጠረን መቀየሪያ ንጥረ ነገር

espejo

መስታወት

espejo de maquillaje

የእጅ መስታወት

máquina de afeitar

ምላጭ

espuma de afeitar

የመላጫ አረፋ

loción para después del afeitado

ከመላጨት በኋላ የሚቀባ ሽቱ

peine

ማበጠሪያ

cepillo

ብሩሽ

secador para cabello

የፀጉር ማድረቂያ

laca de peinado

በፀጉር ላይ የሚነፋ

maquillaje

የፊት መቀባቢያ

lápiz labial

የከንፈር ቀለም

laca para uñas

የጥፍር ቀለም

algodón

የጥጥ ሱፍ

tijera para uñas

ጥፍር መቁረጫ

perfume

ሽቶ

neceser

ማጠቢያ ባልዲ

taburete

መቀመጫ

balanza

ሚዛን

bata de baño

የመታጠቢያ ልብስ

guantes de goma

የላስቲክ ጓንት

tampón

ሞዴስ

compresa

የፅዳት ፎጣ

wáter químico

የሽንት ቤት ኬሚካል

cuarto de los niños

የልጅ ክፍል

despertador
የማንቂያ ደዉል ሰዐት
animal de peluche
የህፃን አሻንጉሊት
auto de juguete
የመጫወቻ መኪና
sonajero
ማንገጫገጫ
መጫወቻ
casa de muñecas
የአሻንጉሊት ቤት
obsequio
ስጦታ

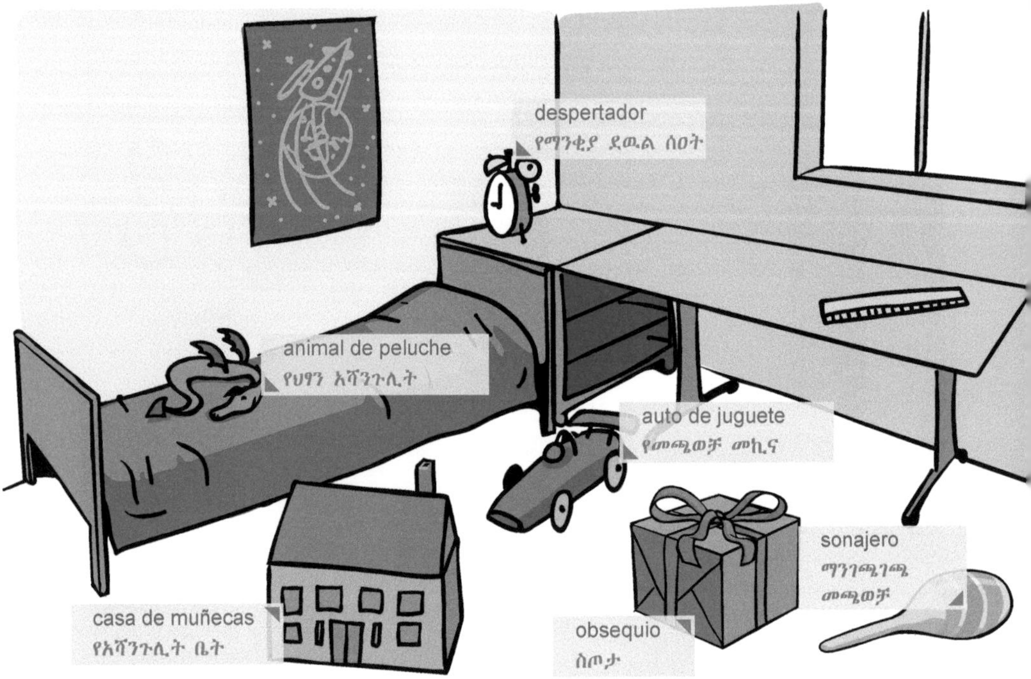

globo

ፊኛ

cama

አልጋ

cochecito para niños

የህፃን ማንሸራሸሪያ ጋሪ

juego de barajas

የካርታ መጫወቻ

rompecabezas

ቁርጥራጭ ምስሎችን የማገጣጠም
እና ምስል የማግኘት ጨዋታ

cómic

አዝናኝ

piezas de Lego

ተገጣጣሚ መጫወቻ

bloques para jugar

የመጫወቻ መገጣጠሚያዎች

figura de acción

የድርጊት ምስል

pijama de una pieza

የህፃን እድገት

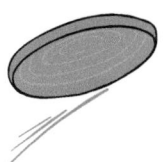

frisbee

የፕላስቲክ መጫወቻ ዝርግ ሰሀን

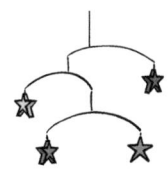

móvil

ተወዛዋዥ የህፃን ማጫወቻ

juego de mesa

የሰሌዳ ጨዋታ

dado

የመጫወቻ ጠጠር

tren eléctrico a escala

የመጫወቻ ባቡር

chupete

የእንጀራ እናት ጡጦ

fiesta

ድግስ

libro de dibujos

የስዕል መፅሀፍ

pelota

ኳስ

títere

አሻንጉሊት

jugar

መጫወት

arenero

የአሸዋ መጫወቻ

columpio

ዥዋዥዌ

juguetes

መጫወቻዎች

consola de videojuego

የቪዲዮ መጫወቻ

triciclo

ባለ ሶስት ጎማ ብስክሌት

osito de peluche

የአሻንጉሊት ድብ

guardarropa

ቁምሳጥን

vestimenta

አልባሳት

calcetines

ካልሲዎች

medias

ስቶኪንጎች

panti

ታይት

chal
የአንገት ልብስ

paraguas

camiseta
ከናቴራ

cinturón
ቀበቶ

deportivas
ስኒከሮች

botas
ቦቲ

zapatilla
የቤት ዉስጥ ነጠላ ጫማ

sandalias

ነጠላ ጫማዎች

zapatos

ጫማዎች

botas de goma

የዝናብ ቡትስ

ropa interior

ሙታንታ

corpiño

ጡት መያዣ

camiseta

ሰደርያ

vestimenta - አልባሳት 45

body

ሰዉነት

pantalón

ሱሪዎች

jeans

ጅንስ

falda

ጉርድ ቀሚስ

blusa

ሸሚዝ

camisa

ሸሚዝ

pullover

የሚጠለቅ ሹራብ

sweater

ሹራብ

blazer

ዩኒፎርም ጃኬት

chaqueta

ጃኬት

abrigo

ኮት

impermeable

የዝናብ ኮት

traje chaqueta

ልብስ

vestido

ቀሚስ

vestido de bodas

የሙሽራ ቀሚስ

traje

ሱፍ

camisón

የለሊት ልብስ

pijama

የለሊት ልብስ

sari

ረጅም ቀሚስ

pañuelo de cabeza

ሂጃብ

turbante

ጥምጣም

burka

ቡርቃ

caftán

ሽርጥ

abaya

አባያ

traje de baño

የዋና ልብስ

bañador

አጭር ቁምጣ

shorts

ቁምጣዎች

chándal

የስራ ቱታ

delantal

ሽርጥ

guante

ጓንት

botón

ቁልፍ

gafa

መነፅር

brazalete

አምባር

cadena

የአንገት ሀብል

anillo

ቀለበት

aro

የጆሮ ጌጥ

gorra

ኮፍያ

percha

የኮት መስቀያ

sombrero

ኮፍያ

corbata

ከረቫት

cierre a cremallera

ዚፕ

casco

የብረት ቆብ

tiradores

መደገፊያ

uniforme escolar

የትምህርት ቤት የደንብ ልብስ

uniforme

የደንብ ልብስ

babero

መሃረብ

chupete

የእንጀራ እናት ጡጦ

pañal

ሽንት ጨርቅ

oficina

ቢሮ

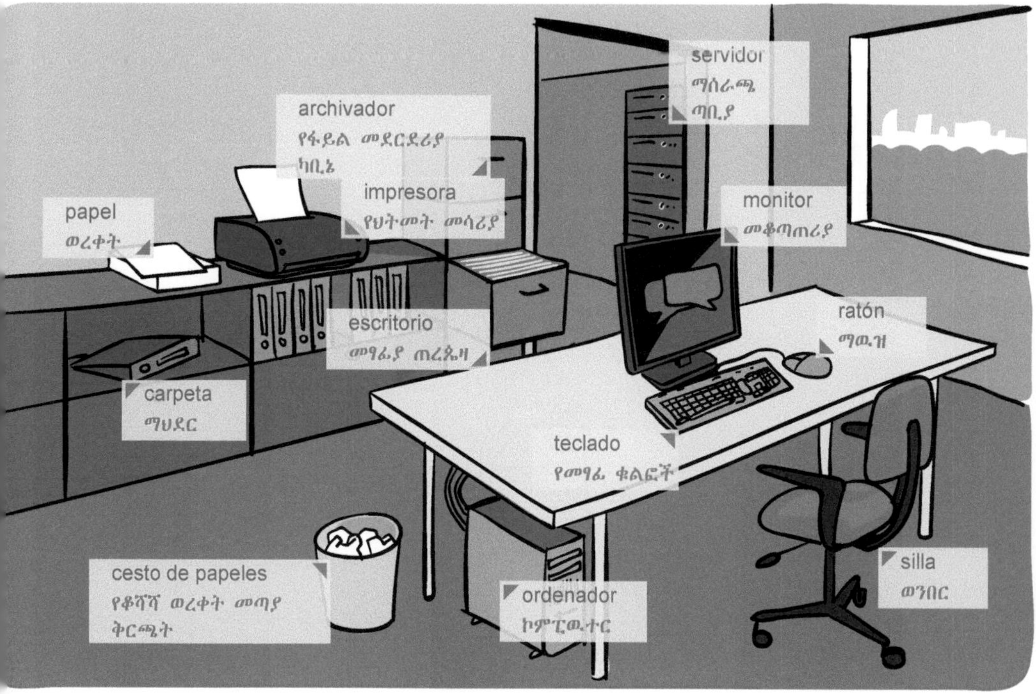

servidor
ማስራጫ ጣቢያ

archivador
የፋይል መደርደሪያ ካቢኔ

impresora
የህትመት መሳሪያ

monitor
መቆጣጠሪያ

papel
ወረቀት

ratón
ማዉዝ

escritorio
መፃፊያ ጠረጴዛ

carpeta
ማህደር

teclado
የመፃፊ ቁልፎች

cesto de papeles
የቆሻሻ ወረቀት መጣያ ቅርጫት

silla
ወንበር

ordenador
ኮምፒዉተር

taza de café

የቡና መጠጫ ትልቅ ኩባያ

calculadora

ማስሊያ ማሽን

internet

ኢንተርኔት

laptop

ላፕቶፕ

carta

ደብዳቤ

mensaje

መልዕክት

teléfono móvil

ተንቀሳቃሽ ስልክ

red

የግንኙነት አዉታር

fotocopiadora

ማባዣ ማሽን

software

ሶፍትዌር

teléfono

ስልክ

tomacorriente

የግድግዳ ሶኬት

máquina de fax

የፋክስ ማሽን

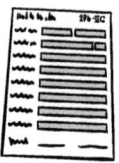

formulario

ቅፅ

documento

ሰነድ

comprar

መግዛት

pagar

መክፈል

comerciar

መነገድ

dinero

ገንዘብ

dólar

ዶላር

euro

ዩሮ

yen

የን

rublo

ሩብል

franco

የስዊዝ ፍራንክ

renminbi

ሬንሚንቢ ዩዋን

rupia

ሩጲ

cajero automático

የገንዘብ ነጥብ

casa de cambio

የዉጭ ገንዘብ ምንዛሪ ቢሮ

oro

ወርቅ

plata

ብር

petróleo

ዘይት

energía

ሀይል፤ ጉልበት

precio

ዋጋ

contrato

ግንኙነት

impuesto

ቀረጥ

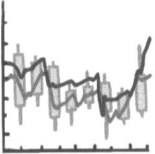

acción

አክስዮን

trabajar

መስራት

empleado

ተቀጣሪ

empleador

ቀጣሪ

fábrica

ፋብሪካ

negocio

ሱቅ

policía
የፖሊስ አዛዥ
bombero
የእሳት አደጋ ሰራተኛ
cocinero
ምግብ አብሳይ
médico
ዶክተር
piloto
አብራሪ

jardinero
አትክልተኛ

carpintero
አናጢ

costurera
ልብስ ሰፊ ሴት

juez
ዳኛ

químico
ቀማሚ

actor
ተዋናይ

conductor de autobús

የአዉቶቢስ ሹፌር

taxista

የታክሲ ሹፌር

pescador

አሳ አጥማጅ

mujer de la limpieza

ፅዳት ሰራተኛ

techista

የጣራ ሰራተኛ

camarero

አስተናጋጅ

cazador

አዳኝ

pintor

ሰዓሊ

panadero

ጋጋሪ

electricista

የኤሌትሪክ ሰራተኛ

albañil

ገምቢ

ingeniero

መሃንዲስ

carnicero

ልኳንዳ

fontanero

የቧንቧ ሰራተኛ

cartero

የፖስታ ሰራተኛ

soldado

ወታደር

arquitecto

መሃንዲስ

cajero

የሒሳብ ሰራተኛ

florista

አበባ ሻጭ

peluquero

የፀጉር ሰራተኛ

cobrador

ቲኬት ቆራጭ

mecánico

መካኒክ

capitán

ካፒቴን

odontólogo

የጥርስ ሐኪም

científico

ተመራማሪ

rabino

መምህር

imam

የሙስሊም ሃይማኖታዊ መሪ

monje

መነኩሴ

párroco

ካህን

herramientas

መሳሪያዎች

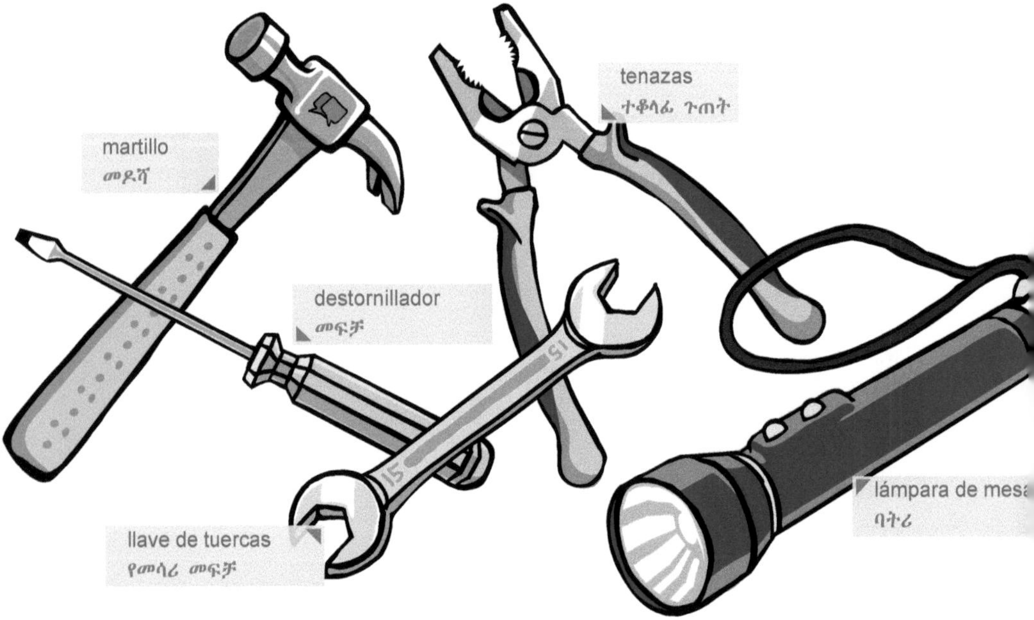

martillo
መዶሻ
tenazas
ተቆላፊ ጉጠት
destornillador
መፍቻ
llave de tuercas
የመሳሪ መፍቻ
lámpara de mes
ባትሪ

excavadora

በቁፋሮ የሚዝቅ

caja de herramientas

የመፍቻ ሳጥን

escalerilla

መሰላል

serrucho

መጋዝ

clavos

ምስማር

taladro

መሰርሰሪያ

reparar

መጠገን

pala

አካፋ

¡Maldición!

የተረገመ!

recogedor

ቆሻሻ ማፈሻ

lata de pintura

የቀለም ቆርቆሮ

tornillos

ብሎን

instrumentos musicales

የሙዚቃ መሳሪያዎች

altavoz
የድምፅ ማጉያ
መሳርያ
batería
የከበሮ መሳሪያዎች
guitarra
ክራር መሰል የሙዚቃ
መሳሪያ
contrabajo
ድርብ ቤዝ ጊታር
trompeta
የትንፋሽ ሙዚቃ
መሳሪያ

piano

ፒያኖ

violín

ቫዮሊን

bajo

ወፍራም፣ ጎርናና ድምፅ ያለዉ ክራር መሰል ሙዚቃ መሳሪያ

timbales

ነጋሪት

tambor

ከበሮ

teclado

በኤሌክትሪክ የሚሰራ ፒኖ

saxofón

የትንፋሽ ሙዚቃ መሳሪያ

flauta

ዋሽንት

micrófono

የድምፅ ማጉያ

zoológico

የደር እንስሳት ማቆያ

entrada
መግቢያ
tigre
ነብር
jaula
ሳጥን
cebra
የሜዳ አህያ
comida para animales
የእንስሳ ምግብ
panda
ትልቅ ድብ

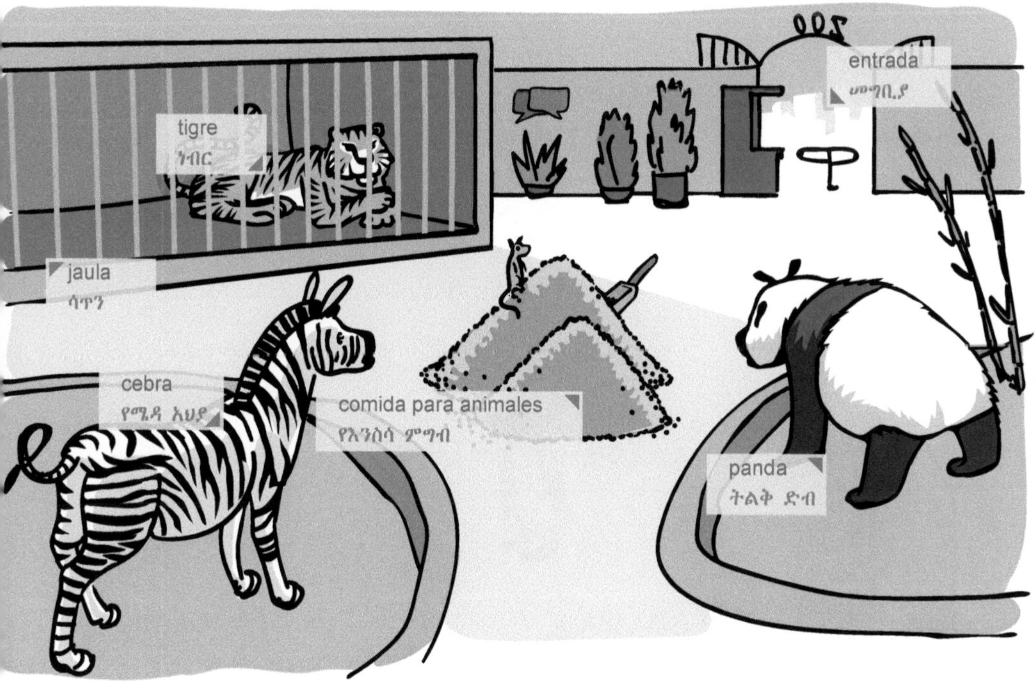

animales

እንስሳቶች

elefante

ዝሆን

canguro

ካንጋሮ

rinoceronte

አዉራሪስ

gorila

ትልቅ ዝንጀሮ

oso

ድብ

camello

ግመል

avestruz

ሰጎን

león

አንበሳ

mono

ጦጣ

flamengo

ቅልጥመ ረዥም ወፍ

papagayo

በቀቀን

oso polar

የወዋልታ ድብ

pingüino

የዋልታ ወፎች

tiburón

ረጅም ጥርሶች ያሉትአሳ ነባሪ

pavo real

ጣዎስ

serpiente

እባብ

cocodrilo

አዞ

cuidador del zoológico

የዱር አራዊት የሚጠበቁበት ማቆያን የሚጠብቅ

foca

አሳ በሊታ የባህር እንስሳ

jaguar

የዱር ድመት

pony

ድንክ ፈረስ

leopardo

ነብር

hipopótamo

ጉማሬ

jirafa

ቀጭኔ

águila

ንስር

jabalí

ከርከሮ

pescado

አሳ

tortuga

የባህር ኤሊ

morsa

የባህር አዉሬ

zorro

ቀበሮ

gacela

የሜዳ ፍየል፤ሚዳቋ

deporte

የስፖርት አይነቶች

fútbol americano
የአሜሪካ እግርኳስ
ciclismo
የብስክሌት ስፖርት
tenis
ቴኒስ
baloncesto
የቅርጫት ኳስ
natación
ዋና
boxeo
የቡጢ ስፖርት
hockey sobre hielo
የበረዶ ላይ የገና ጨዋታ

fútbol

እግር ኳስ

badminton

የላባ ኳስ ጨዋታ

atletismo

አትሌቲክስ

balonmano

የእጅ ኳስ ስፖርት

esquí

የበረዶ መንሸራተት ስፖርት

polo

ፈረስ ግልቢያ

actividades
እንቅስቃሴዎች

saltar
መዝለል
abrazar
ማቀፍ
reír
መሳቅ
caminar
መራመድ
cantar
መዘመር
soñar
ህልም ማለም
rezar
መፀለይ
besar
መሳም

escribir

መፃፍ

dibujar

መሳል

mostrar

ማሳየት

presionar

መግፋት

dar

መስጠት

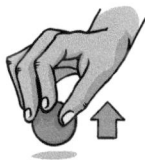

tomar

መዉሰድ

tener

መያዝ

hacer

ማድረግ

ser

መሆን

estar de pie

መቆም

correr

መሮጥ

tirar

መሳብ

arrojar

መወርወር

caer

መዉደቅ

estar acostado

መዋሸት

esperar

መጠበቅ

llevar

መሸከም

estar sentado

መቀመጥ

vestirse

መልበስ

dormir

መተኛት

despertar

መንቃት

mirar

መመልከት

llorar

ማለልቀስ

acariciar

መጫር

peinarse

ማበጠር

conversar

ማዉራት

entender

መረዳት

preguntar

ጥያቄ

oír

ማዳመጥ

beber

መጠጣት

comer

መብላት

asear

ማንፃት

amar

ማፍቀር

cocinar

ምግብ ማብሰል

conducir

መንዳት

volar

መብረር

navegar

መርከብ መንዳት

calcular

ቁጥሮችን ማስላት

leer

ማንበብ

aprender

መማር

trabajar

መስራት

casarse

ማግባት

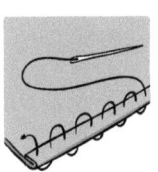

coser

መስፋት

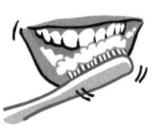

limpiarse los dientes

ጥርስ መቦረሽ

matar

መግደል

fumar

ማጨስ

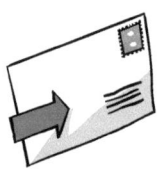

enviar

መላክ

abuela
የሴት አያት
abuelo
የወንድ አያት
padre
አባት
madre
እናት
bebé
ህፃን
hija
ሴት ልጅ
hijo
ወንድ ልጅ

invitado
....
እንግዳ

tía
....
አክስት

tío
....
አጎት

hermano
....
ወንድም

hermana
....
እህት

cuerpo

አካል

frente
ግንባር
ojo
አይን
hombro
ትከሻ
dedo
ጣት
cara
ፊት
barbilla
አገጭ
mano
እጅ
pierna
እግር
pecho
ጡት
brazo
ክንድ

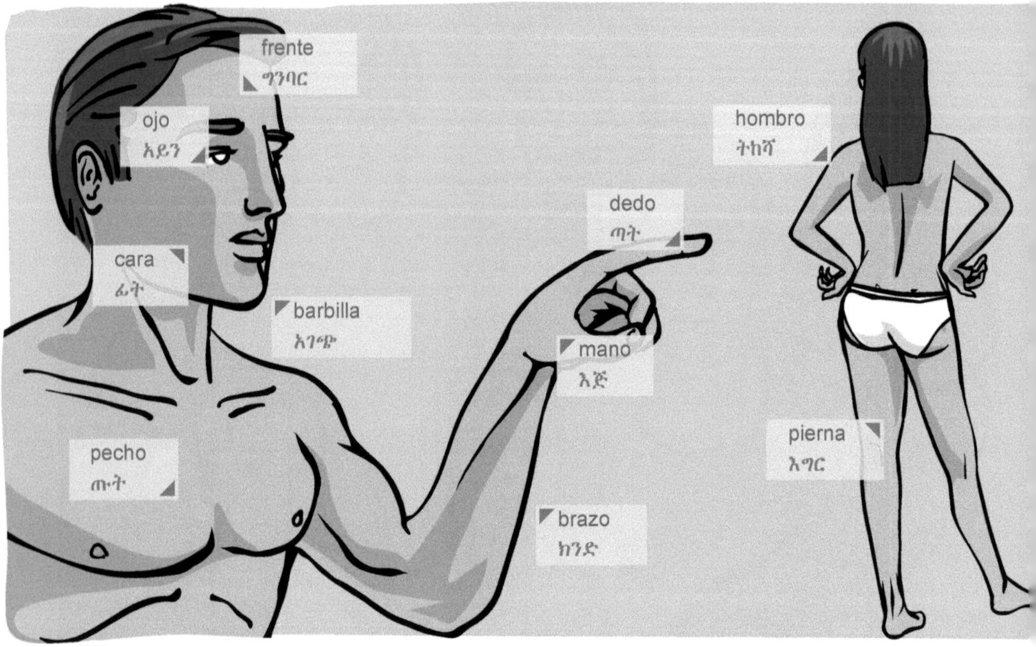

bebé

ህፃን

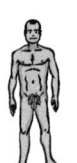

hombre

ሰዉ

mujer

ሴት

muchacha

ልጃገረድ

joven

ወንድ ልጅ

cabeza

ራስ

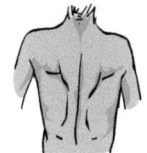

espalda

ጀርባ

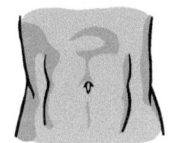

vientre

ሆድ

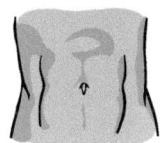

ombligo

እምብርት

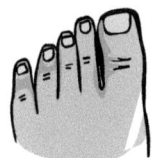

dedo del pie

የእግር ጣት

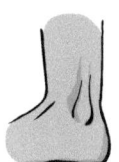

talón

ተረከዝ

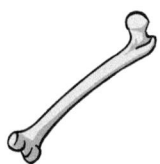

hueso

አጥንት

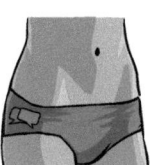

cadera

ዳሌ

rodilla

ጉልበት

codo

ክርን

nariz

አፍንጫ

trasero

ቂጥ

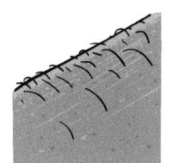

piel

ቆዳ

mejilla

ጉንጭ

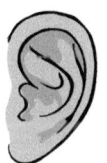

oreja

ጆሮ

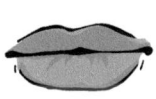

labio

ከንፈር

boca

አፍ

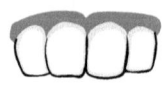

diente

ጥርስ

lengua

ምላስ

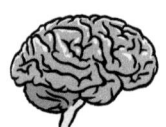

cerebro

አንጎል

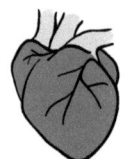

corazón

ልብ

músculo

ጡንቻ

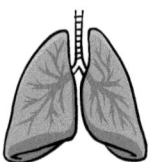

pulmón

ሳምባ

hígado

ጉበት

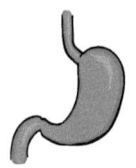

estómago

ሆድ

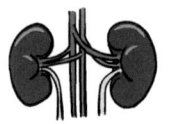

riñones

ኩላሊቶች

relación sexual

የግብረስጋ ግንኙነት

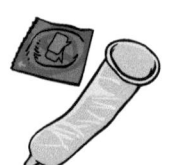

condón

ኮንዶም

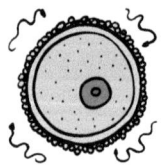

Óvulo

የሴት እንቁላል

esperma

የዘር ፈሳሽ

embarazo

እርግዝና

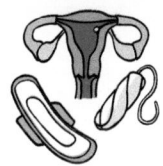

menstruación

የወር አበባ

vagina

እምስ

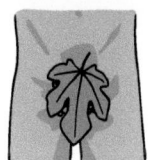

pene

ቁላ

ceja

ቅንድብ

cabello

ፀጉር

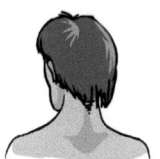

cuello

አንገት

hospital

ሆስፒታል

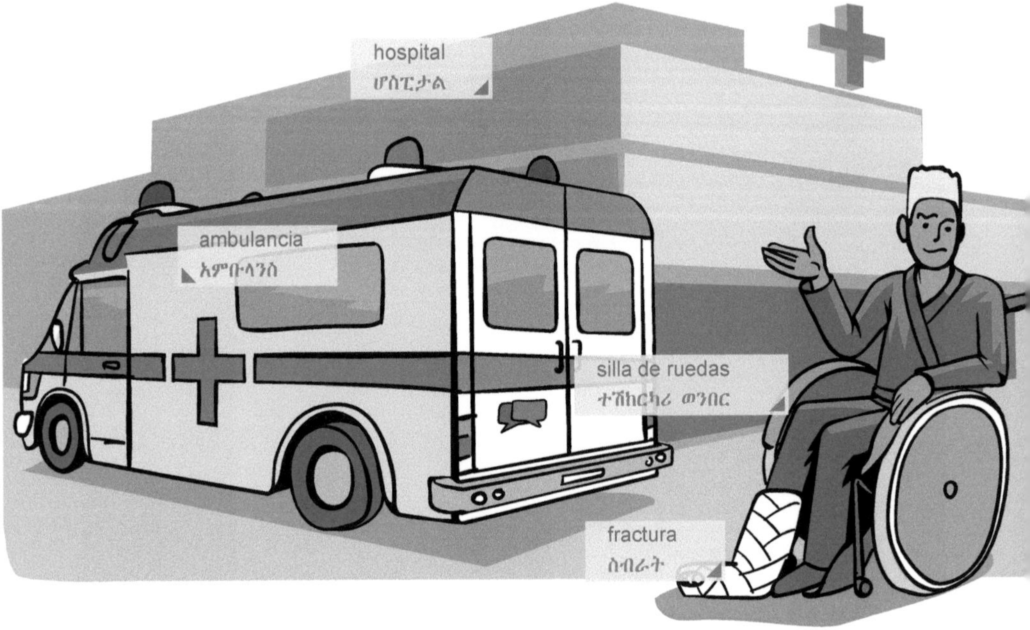

hospital
ሆስፒታል
ambulancia
አምቡላንስ
silla de ruedas
ተሽከርካሪ ወንበር
fractura
ስብራት

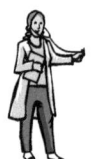

médico

ዶክተር

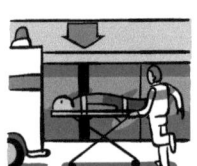

admisión de urgencia

ድንገተኛ ክፍል

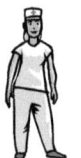

enfermera

ነርስ

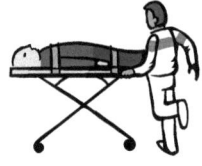

emergencia

ድንገተኛ

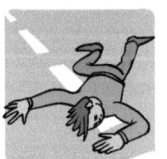

inconsciente

ራስን መሳት/ አለማወቅ

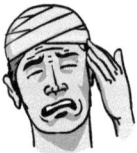

dolor

ህመም

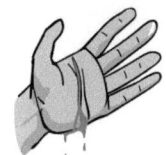

lesión

ጉዳት

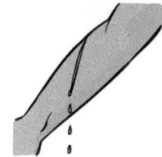

hemorragia

መድማት

infarto de miocardio

የልብ ድካም

apoplejía cerebral

ስትሮክ

alergia

አለርጂ

tos

ሳል

fiebre

ትኩሳት

gripe

ኢንፍሉዌንዛ

diarrea

ተቅማጥ

dolor de cabeza

የራስ ምታት

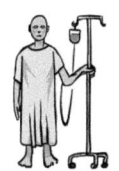

cáncer

ካንሰር

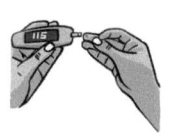

diabetes

የስኳር በሽታ

cirujano

ቀዶ ጠጋኝ ሐኪም

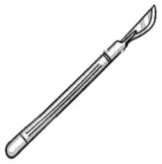

escalpelo

የቀዶ ጥገና ስለት

operación

ቀዶ ጥገና

TC

ሲቲ

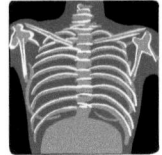

rayos X

ኤክስሬዮ

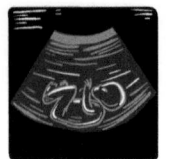

ultrasonido

አልትራሳዉንድ

máscara

የፊት ጭምብል

enfermedad

በሽታ

sala de espera

መጠበቂያ ክፍል

muleta

ምርኩዝ

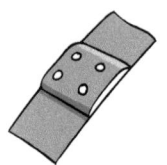

emplasto

የቁስል ማሸጊያ

vendaje

ፋሻ

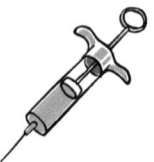

inyección

መርፌ

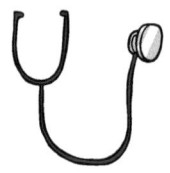

estetoscopio

የልብ ምት ማዳመጫ መሳሪያ

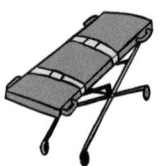

camilla

የበሽተኛ አልጋ

termómetro

የህክምና ሙቀት መለኪያ መሳሪያ

nacimiento

መውለድ

sobrepeso

ክልክ ያለፈ ክብደት

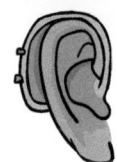

audífono

ለመስማት የሚረዳ መሳሪያ

desinfectante

ፀረ ተባይ መድሀኒት

infección

ማመርቀዝ

virus

ቫይረስ

VIH / SIDA

ኤች አይቪ. ኤድስ

medicina

ህክምና

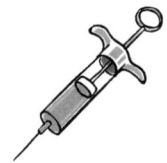

vacunación

ክትባት

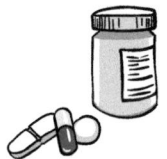

comprimido

ኪኒን

píldora anticonceptiva

ኪኒን

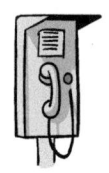

llamada de emergencia

አስቸኳይ የስልክ ጥሪ

medidor de presión arterial

ደም ግፊት መቆጣጠሪያ

enfermo / saludable

ህመም/ ጤንነት

emergencia

ድንገተኛ

¡Ayuda!

እርዳታ!

alarma

ማንቂያ ደወል

asalto

ጥቃት

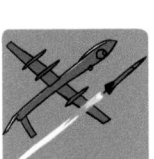

ataque

ድብደባ

peligro

አደጋ

salida de emergencia

የድንገተኛ መዉጫ

¡Fuego!

እሳት!

extintor

እሳት ማጥፊያ

accidente

አደጋ

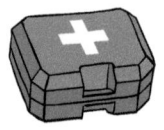

kit de primeros auxilios

የመጀመሪያ እርዳታ መድሃኒት መያዣ

SOS

ነፍስ አድን

Policía

ፖሊስ

Tierra

ምድር

Europa

አዉሮፓ

América del Norte

ሰሜን አሜሪካ

América del Sur

ደቡብ አሜሪካ

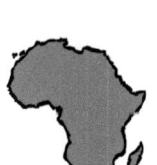

África

አፍሪካ

Asia

እስያ

Australia

አዉስትራሊያ

Atlántico

አትላንቲክ

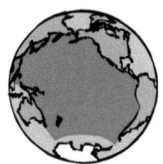

Pacífico

ፓስፊክ

Océano Índico

የህንድ ዉቅያኖስ

Océano Antártico

አንታርክቲክ ዉቅያኖስ

Océano Ártico

አርክቲክ ዉቅያኖስ

Polo Norte

ሰሜን ዋልታ

Polo Sur

ደቡብ ዋልታ

Antártida

አንታርክቲካ

Tierra

ምድር

país

መሬት

mar

ባህር

isla

ደሴት

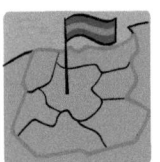

nación

አገርና ህዝብ

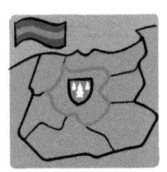

Estado

መንግስት

cuadrante

የሰዓት ገፅታ

horario

ሰዓት

minutero

ደቂቃ

segundero

ሴኮንድ

¿Qué hora es?

ስንት ሰዓት ነው?

día

ቀን

tiempo

ጊዜ

ahora

አሁን

reloj digital

የቁጥር ሰዐት

minuto

ደቂቃ

hora

ሰዓታት

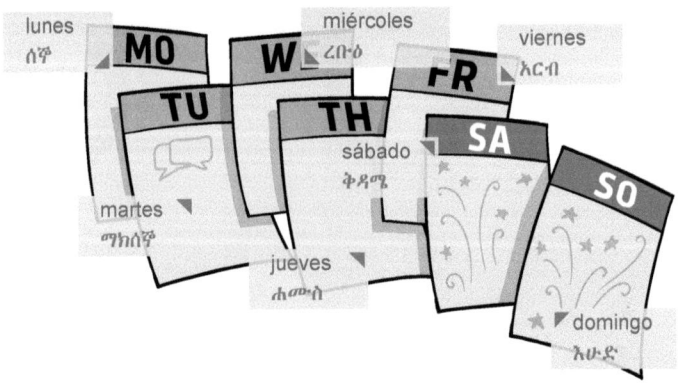

semana

ሳምንት

lunes
ሰኞ
MO
miércoles
ረቡዕ
W
viernes
FR
TU
TH
sábado
ቅዳሜ
SA
martes
ማክሰኞ
jueves
ሐሙስ
domingo
እሁድ

1

ayer

ትላንት

2

hoy

ዛሬ

3

mañana

ነገ

mañana

ማለዳ

mediodía

ቀትር

tarde

ምሽት

MO TU WE TH FR SA SU
1 2 3 4 5 6 7
8 9 10 11 12 13 14
15 16 17 18 19 20 21
22 23 24 25 26 27 28
29 30 31 1 2 3 4

jornada de trabajo

የስራ ቀናት

MO TU WE TH FR SA SU
1 2 3 4 5 6 7
8 9 10 11 12 13 14
15 16 17 18 19 20 21
22 23 24 25 26 27 28
29 30 31 1 2 3 4

fin de semana

የዕረፍት ቀናት

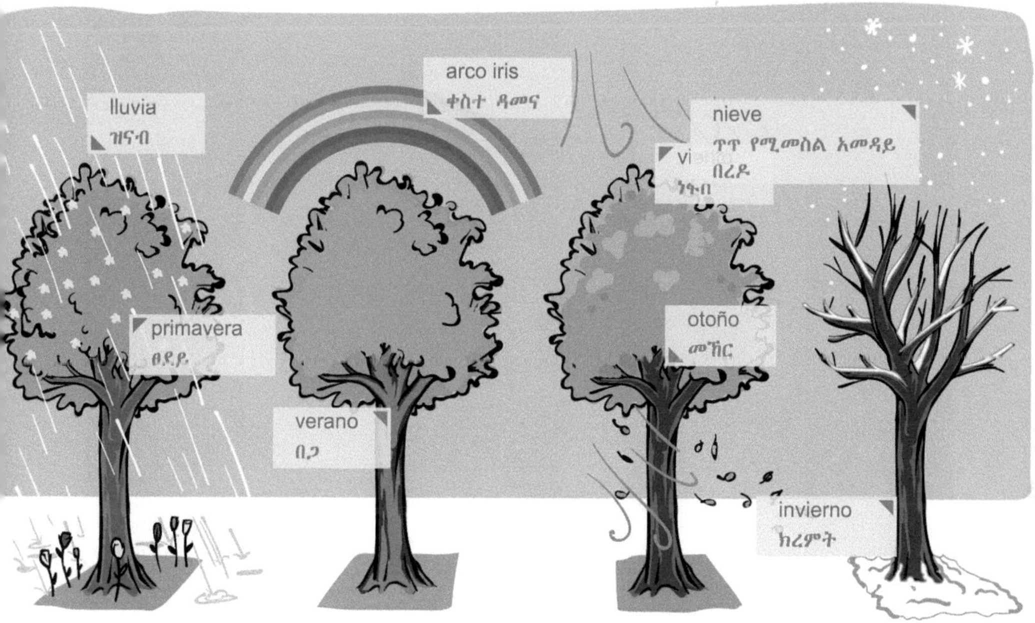

lluvia
ዝናብ

arco iris
ቀስተ ዳመና

nieve
ጥጥ የሚመስል አመዳይ

vi
ነፋስ

primavera
ፀደይ

otoño
መኸር

verano
በጋ

invierno
ክረምት

pronóstico meteorológico

የአየር ሁኔታ ትንበያ

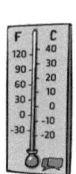

termómetro

የሙቀት መለኪያ

luz solar

የፀሀይ ሙቀት

nube

ደመና

niebla

ጭጋግ

humedad ambiente

እርጥበታማነት

relámpago

መብረቅ

trueno

ነጎድጓድ

tormenta

አዉሎ ንፋስ

granizo

የበረዶ ዝናብ

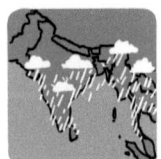

monzón

አዉሎ ንፋስ

inundación

ጎርፍ

hielo

በረዶ

enero

ጥር

febrero

የካቲት

marzo

መጋቢት

abril

ሚያዚያ

mayo

ግንቦት

junio

ሰኔ

julio

ሐምሌ

agosto

ነሀሴ

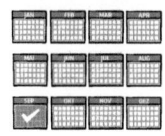

septiembre

መስከረም

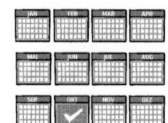

octubre

ጥቅምት

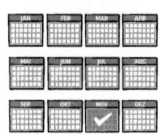

noviembre

ህዳር

diciembre

ታህሳስ

formas

ቅርፆች

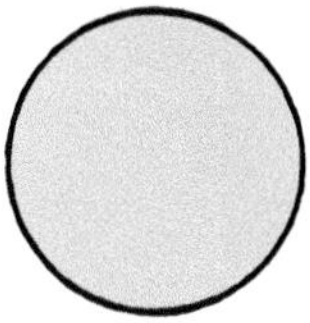

círculo

ክብ

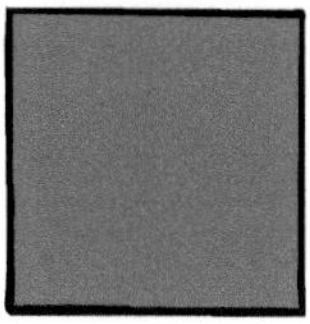

cuadrado

አራት ማዕዘን

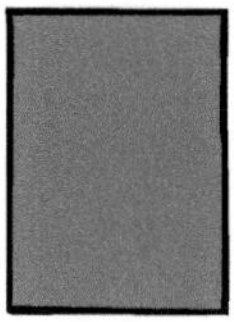

rectángulo

አራት ቀጥተኛ ማዕዘኖች ጎኖች ያሉት ቅርፅ

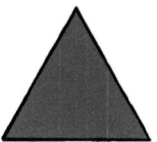

triángulo

ሶስት ማዕዘን

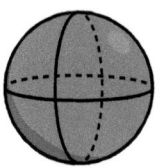

esfera

ሉል

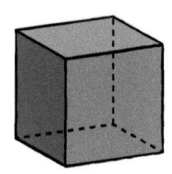

cubo

ስድስት ጎን ያለዉ ቅርፅ

colores

ቀለማት

blanco

ነጭ

amarillo

ቢጫ

anaranjado

ብርቱካናማ

rosa

ሮዝ

rojo

ቀይ

lila

ወይን ጠጅ

azul

ሰማያዊ

verde

አረንጓዴ

marrón

ቡኒ

gris

ግራጫ

negro

ጥቁር

opuestos
ቃራኒዎች

mucho / poco

ብዙ/ ጥቂት

enojado / calmado

ንዴት/ እርጋታ

bonito / feo

ቆንጆ/ አስቀያሚ

comienzo / fin

ጅማሬ/ ፍፃሜ

grande / pequeño

ትልቅ/ ትንሽ

claro / oscuro

ደማቅ/ ደብዛዛ

hermano / hermana

ወንድም/ እህት

limpio / sucio

ንፁህ/ ቆሻሻ

completo / incompleto

የተሟላ/ ያልተሟላ

día / noche

ቀን/ ምሽት

muerto / vivo

የሞተ/ ህያዉ

ancho / angosto

ሰፊ/ ጠባብ

disfrutable / no disfrutable

የሚበላ/ የማይበላ

malo / amigable

ክፉ/ ደግ

excitado / aburrido

ደስተኛ/ ድብርተኛ

gordo / delgado

ወፍራም/ ቀጭን

primero / último

መጀመርያ/ መጨረሻ

amigo / enemigo

ጓደኛ/ ጠላት

lleno / vacío

ሙሉ/ ጎዶሎ

duro / suave

ጠንካራ/ ለስላሳ

pesado / liviano

ከባድ/ ቀላል

hambre / sed

ረሃብ/ ጥማት

enfermo / saludable

ህመም/ ጤንነት

ilegal / legal

ህገወጥ/ ህጋዊ

inteligente / tonto

ጎበዝ/ ደደብ

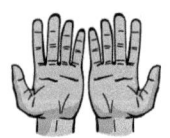

izquierda / derecha

ግራ/ ቀኝ

cercano / lejano

ቅርብ/ ሩቅ

nuevo / usado

ዲስ/ ሮጌ

nada / algo

ምንም/ የሆነ ነገር

viejo / joven

ሽማግሌ/ ወጣት

encendido / apagado

የበራ/ የጠፋ

abierto / cerrado

ክፍት/ ዝግ

bajo / fuerte

ፀጥታ/ ጫጫታ

rico / pobre

ሃብታም/ ደሃ

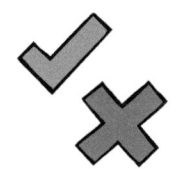

correcto / incorrecto

ትክክለኛ/ የተሳሳተ

áspero / liso

ሻካራ/ ለስላሳ

triste / alegre

ሐዘን/ ደስታ

breve / extenso

ጭር/ ረዥም

lento / veloz

ዝግተኛ/ ፈጣን

mojado / seco

እርጥብ/ ደረቅ

caliente / frío

ሞቃት/ ቀዝቃዛ

guerra / paz

ጦርነት/ ሰላም

0

cero

ዜሮ

1

uno

አንድ

2

dos

ሁለት

3

tres

ሶስት

4

cuatro

አራት

5

cinco

አምስት

6

seis

ስድስት

7

siete

ሰባት

8

ocho

ስምንት

9

nueve

ዘጠኝ

10

diez

አስር

11

once

አስራ አንድ

12
doce

አስራ ሁለት

13
trece

አስራ ሶስት

14
catorce

አስራ አራት

15
quince

አስራ አምስት

16
dieciséis

አስራ ስድስት

17
diecisiete

አስራ ሰባት

18
dieciocho

አስራ ስስምንት

19
diecinueve

አስራ ዘጠኝ

20
veinte

ሃያ

100
cien

መቶ

1.000
mil

ሺህ

1.000.000
millón

ሚሊዮን

idiomas

ን ዎች

inglés

እንግሊዝኛ

inglés estadounidense

የአሜሪካ እንግሊዝኛ

chino mandarín

የቻይና ማንዳሪን

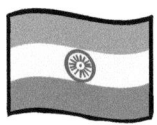

hindi

ሂንዱ

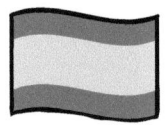

español

ስፓኒሽ

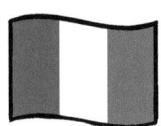

francés

ፍሬንች

árabe

አረብኛ

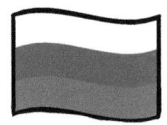

ruso

ራሺያኛ

portugués

ፖርቹጊዝ

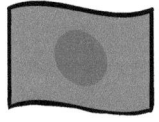

bengalí

ቤንጋሊ

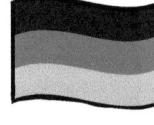

alemán

ጀርመን

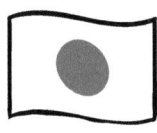

japonés

ጃፓንኛ

90 idiomas - ቋንቋዎች

yo

እኔ

tú

አንተ

él / ella

እሱ/ እርሷ/ እቃዉ

nosotros

እኛ

vosotros

አንተ

ellos

እነርሱ

¿quién?

ማን?

¿qué?

ምን?

¿cómo?

እንዴት?

¿dónde?

የት?

¿cuándo?

መቼ?

nombre

ስም

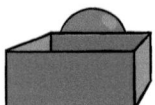

donde

የት

detrás

በስተጀርባ

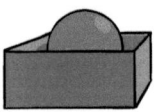

en

ዉስጥ

delante de

ከፊት ለፊት

encima de

ከላይ

sobre

ላይ

debajo de

ከስር

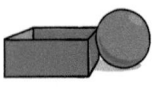

junto a

አጠገብ

entre

መሃከል

lugar

ቦታ